Ruth Näf Bernhard

Glühwürmchen kannst du nicht pflücken

**T V Z**

Ruth Näf Bernhard

# Glühwürmchen kannst du nicht pflücken

Gedichte zu Kohelet

*Mit dem vollständigen Bibeltext zu Kohelet*

**TVZ**
Theologischer Verlag Zürich

Der Theologische Verlag Zürich wird vom Bundesamt für Kultur für die Jahre 2021–2024 unterstützt.

Bibliografische Information der Deutschen Nationalbibliothek
Die Deutsche Nationalbibliothek verzeichnet diese Publikation in der Deutschen Nationalbibliografie; detaillierte bibliografische Daten sind im Internet über http://dnb.dnb.de abrufbar.

Umschlaggestaltung
Simone Ackermann
Coverbild: 123RF

Bibeltext zitiert nach der Zürcher Bibel (2007)
© Verlag der Zürcher Bibel beim Theologischen Verlag Zürich

Druck
gapp print, Wangen im Allgäu

ISBN 978-3-290-18639-5 (Print)
ISBN 978-3-290-18640-1 (E-Book: PDF)

© 2024 Theologischer Verlag Zürich
www.tvz-verlag.ch

Alle Rechte vorbehalten

Da ist ein Kind. Da ist eine Frau. Und da ist eine Frage. Plötzlich. Aus heiterem Himmel. Sie steht im Raum. Oder vielmehr: Sie sitzt. Die Frage sitzt mit uns am Tisch. Wir sind am Feiern. Und dann also plötzlich diese Frage: Grossmami, was ist eigentlich ein Gott? Ich beginne zu stottern. Alle hören zu. Sichtlich erleichtert darüber, dass nicht sie selbst angesprochen sind. Es wird mucksmäuschenstill. Ich verhasple mich. Jemand, der für einen sorgt. Tag und Nacht. Sage ich. Aber es ist nicht Mami oder Papi. Es ist noch viel mehr. Jemand, der möchte, dass es dir gut geht. Aber ist das nun nicht zu eng gefasst? Müsste ich nicht sagen, jemand, die möchte, dass es dir gut geht? Offenheit auch für eine Göttin. Während ich überlege, kommt die nächste Frage: Gibt es nachher noch Dessert?

Was ist eigentlich ein Gott? Deine Frage ist hängen geblieben. Daher schreibe ich dir nun, mein lieber Enkel. Man soll die Feste feiern, wie sie fallen. Und die Fragen beantworten, solange sie drängen. Falls du beim Lesen nicht alles verstehst, liegt es wohl daran, dass auch ich beim Schreiben nicht alles verstehe. Was ist eigentlich ein Gott? Glücklicherweise hast du nicht anders gefragt. Beispielsweise, ob es denn überhaupt einen Gott gebe. Nein, du möchtest wissen, was ein Gott sei. Du gehst davon aus, dass es einen solchen gibt. Mindestens einen. Ohne zu wissen, ob es so sei, setzt du voraus, dass es Gott gibt. Genau wie ich. Damit lässt sich leben. Sehr gut sogar. Man muss nicht immer alles wissen. Es sind die Fragen, die uns weiterbringen.

Was ist eigentlich ein Gott? Das hast du mich gefragt. An meinem letzten Arbeitstag. Du hast lange auf eine Antwort warten müssen. Ich musste zuerst runterkommen. Runter von der Kanzel. Weisst du, das ist schon recht weit oben. Wenn man spricht, ist es immer von oben herab. Auch wenn man es eigentlich gar nicht möchte. Oder möchte man es vielleicht doch? Von unten herauf kommen keine Fragen. Das macht es einfach. Fragen stellen die, mit denen man am Tisch sitzt. Auf Augenhöhe. Mit denen man isst und trinkt und feiert. Von unten herauf kommen keine Fragen. Das macht es einfach. Es ist aber gefährlich. Wo Fragen fehlen, stirbt Leben aus. Das Denken wird enger. Das Herz wird kleiner. Man kann kaum noch atmen. Gott kriegt keine Luft.

Wenn du mich also fragst, was ein Gott eigentlich sei, so sage ich dir nun, mit etwas Abstand, und wieder mit beiden Füssen auf dem Boden: Gott ist eine Kraft, die das Weite sucht. Und daher kann man nicht fassen, was er ist. Was sie ist. Was es ist. Man kann Gott nicht fassen. Nicht einsperren hinter Kirchenmauern. Nicht wie ein gepresstes Vergissmeinnicht für immer zwischen zwei Buchseiten lagern. Gott ist eine Kraft, die das Weite sucht. Sie macht sich auf und davon. An Altären und Talaren vorbei. Ab in die Wälder. Auf die hohen Berge. Oder an einen tosenden Fluss. Du spürst es vielleicht, wenn du am Wasser sitzt. Oder wenn du in die Berge schaust. Gott ist überall dort, wo das Herz aufgeht. Ganz weit auf. Wenn du jemanden so richtig liebhast. Wenn du dich so richtig freust. Wenn du deine Katze streichelst. Wenn du am Abend die Sterne zählst. Gott ist überall dort, wo dein Herz aufgeht. Ganz weit auf. Du fühlst dich dann leicht und ausgedehnt. Unendlich weit über dich hinaus. Du wirst Gott spüren, wenn solche Weite dich erreicht. Und du wirst weiter fragen.

Du hattest lange eine Lieblingsfarbe. Immer dieselbe. Wenn man dich fragte, sagtest du: rot. Nun aber hat sich das geändert. Fragt man dich jetzt nach der Lieblingsfarbe, so lautet die Antwort: rot und grün und gelb und blau. Und es ist dir ernst damit. Wenn du mich also fragst, was ein Gott eigentlich sei, so sage ich dir nun mit etwas Abstand: Gott ist meine Lieblingsfarbe. Mindestens rot und grün und gelb und blau. Nur eine Farbe wäre zu wenig. Nur schwarz und weiss, das macht vieles einfach. Es ist aber gefährlich. Wo Farbe fehlt, stirbt Leben aus. Das Denken wird enger. Das Herz wird kleiner. Man kann kaum noch atmen. Gott kriegt keine Luft.

Was ist eigentlich ein Gott?
Gott ist eine Kraft, die das Weite sucht.
Gott ist meine Lieblingsfarbe.

Nun aber zu deiner zweiten Frage. Ob es nachher noch Dessert gebe. Ehrlich gesagt, ich weiss es nicht. Ich glaube schon. Aber ich weiss es nicht. Ob das, was ist, schon alles ist. Oder ob es nachher noch besser kommt. Und ich bin nicht die Einzige, die das nicht weiss. Ein Mann mit Namen Kohelet findet für sich eine Antwort darauf: Wenn wir nicht wissen, was nachher kommt, dann umso mehr das Heute geniessen. Mir gefallen seine Worte. Weisst du, er spricht nicht besonders fromm. Doch wie du und ich geht er davon aus, dass es Gott tatsächlich gibt. Den Gott, der alles erschaffen hat. Himmel und Erde. Die ganze Schöpfung. Er glaubt an Gott, der dafür sorgt, dass alles im Leben seine Zeit hat. Auch dann, wenn es nicht in unsere Pläne passt. Kohelet erinnert uns daran, dass wir vergänglich sind. Das stimmt ihn nachdenklich. Manchmal traurig. Aber was soll's, sagt er sich. Freuen wir uns doch unseres Lebens, solange wir leben. Es gibt nichts Besseres als sich zu freuen. Genau dann, wenn jeder Tag wie der andere ist und wir nichts Neues mehr unter der Sonne entdecken. Sich freuen. Genau dann, wenn wir finden, es sei alles so mühsam und wir seien mutterseelenallein. Kohelet ist ein Mensch in der Art wie du und ich. Er jammert. Er ärgert sich. Er freut sich über alles Schöne. Er empört sich über Unrecht. Er geniesst das Essen und Trinken und Spielen. Und er lehrt uns, dass alle Gegensätze in jedem Leben zusammengehören. Bis zuletzt.

Ob es nachher noch Dessert gibt?
Ich weiss es nicht.
Ich glaube schon.
Aber ich weiss es nicht.

Statt einer Antwort lege ich dir eine Bitte ans Herz. Versuche es mit Kohelet. Irgendwann. Wenn es an der Zeit ist. Darum diese Gedichte. Für irgendwann. Frag weiter. Ein Leben lang. Es sind die Fragen, die uns weiterbringen.

Sommer 2024
Ruth Näf Bernhard

# Kohelet 1,1

*Die Worte Kohelets, des Sohnes Davids, des Königs in Jerusalem.*

weise worte
eines menschen
für menschen
die sich
fragen stellen

# Kohelet 1,2

*Nichtig und flüchtig, sprach Kohelet,*
*nichtig und flüchtig, alles ist nichtig.*


nichtig
flüchtig
hingehaucht
eingehüllt
in sternenstaub

# Kohelet 1,3

*Welchen Gewinn hat der Mensch von seiner ganzen Mühe und Arbeit unter der Sonne?*


zerbrechlich
schön
ist
unser leben
habe acht
auf den moment
die sanduhr
hört nicht
wie es
rieselt

# Kohelet 1,4

*Ein Geschlecht geht, und ein Geschlecht kommt,
und die Erde bleibt ewig bestehen.*


kommen
bleiben
weitergehen
und
während wir
am bleiben
sind
schon
die nächsten
kommen
sehen

# Kohelet 1,5

*Und die Sonne geht auf, und die Sonne geht unter*
*und strebt nach dem Ort,*
*wo sie aufgeht.*


die sonne
scheint
so überglücklich
weil sie weiss
was sie
zu tun
hat

# Kohelet 1,6

*Es weht nach Süden und dreht nach Norden,*
*dreht, dreht, weht, der Wind.*
*Und weil er sich dreht, kommt er wieder, der Wind.*

der wind
der dreht
und weht
wo er will
lehrt uns
nach unserer
mitte
zu suchen
und uns
auf dem weg
nicht
zu verfehlen

# Kohelet 1,7

*Alle Flüsse fliessen zum Meer,*
*und das Meer wird nicht voll.*
*Zum Ort, dahin die Flüsse fliessen,*
*fliessen sie und fliessen.*


es fliesst
was soll
dorthin
wo es
muss
bis es
sich erfüllt

# Kohelet 1,8

*Alles Reden müht sich ab,*
*keiner kommt damit zum Ziel.*
*Das Auge sieht sich niemals satt,*
*und das Ohr wird vom Hören nicht voll.*


im schweigen
vielleicht
zu ahnen
beginnen
wo
im sehen
und hören
unschärfen
lauern

# Kohelet 1,9

*Was einmal geschah, wird wieder geschehen,*
*und was einmal getan wurde, wieder getan,*
*und nichts ist wirklich neu unter der Sonne.*


auch
wenn es
heute
wie gestern
beginnt
kann es
heute
anders
werden

# Kohelet 1,10

*Wohl sagt man:*
*Sieh dies an! Es ist neu! –*
*Es war längst schon einmal da,*
*in den Zeiten, die vor uns waren.*


nur
was
immer wieder
wird
kannst du
plötzlich
anders
sehen

# Kohelet 1,11

*An die Früheren erinnert man sich nicht,*
*und an die Späteren, die kommen werden,*
*auch an sie wird man sich nicht erinnern*
*bei denen, die zuletzt sein werden.*


wir leben
wenn wir
leben
weder früher
noch später
nur unvergesslich
in diesem moment

# Kohelet 1,13

*Da nahm ich mir vor, in Weisheit alles zu erforschen
und zu erkunden, was unter dem Himmel getan wird.
Das ist eine leidige Mühe. Gott hat es den Menschen
überlassen, sich damit abzumühen.*


uns
wird überlassen
was wir
nicht können
dennoch
zu tun
weil gott
es uns
offensichtlich
zutraut

# Kohelet 1,14

*Ich betrachtete alle Werke, die unter der Sonne vollbracht wurden, und siehe, alles war nichtig und ein Greifen nach Wind.*


sich
ergreifen
lassen
statt
ergreifen
wollen
das bringt
neues
an den tag

# Kohelet 1,15

*Was krumm ist, kann nicht gerade werden, und was
fehlt, kann man nicht zählen.*

du
sehnst dich
suchst es
findest es
nicht
was fehlt
ist
pausenlos
nicht
da

# Kohelet 1,18

*Denn mit viel Weisheit kommt viel Verdruss, und wer mehr erkennt, hat mehr zu leiden.*

das leiden
nimmt
keine rücksicht
auf dich
du wirst
neu geformt
um zu erkennen
was du
bis jetzt
von dir
nicht weisst

# Kohelet 2,1

*Ich dachte mir: Versuch es doch mit der Freude und geniesse etwas Gutes! Und siehe, auch dies war nichtig.*

vielleicht
glimmt
in erloschener
freude
noch
die glut
der zuversicht
jeder nichtigkeit
zum trotz

# Kohelet 2,2

*Vom Lachen sagte ich: töricht! Und von der Freude:*
*Was kann sie bewirken?*


ich habe
ein lachen
am wegrand
gepflückt
und
bin mir
fröhlich
näher
gerückt

# Kohelet 2,4

*Ich vollbrachte grosse Werke: Ich baute mir Häuser,
ich pflanzte mir Weinberge.*


grosse häuser
volle keller
was wenn
die fülle
trotzdem
fehlt

# Kohelet 2,5

*Ich legte mir Gärten an und Haine und pflanzte darin
Fruchtbäume jeglicher Art.*


veilchen
im garten
quitten
am baum
wildbienen
summen
und spinnen
spazieren
paradies
auf erden
gott
in der
luft

# Kohelet 2,6

*Ich machte mir Wasserteiche, um aus ihnen den Wald zu tränken, voller spriessender Bäume.*

selbst
im allerkleinsten
teich
kannst du
wasserläufer
zählen
schau
wie flink
sie sich bewegen
auf diesem
wasser
das sie
trägt

# Kohelet 2,10

*Und was immer meine Augen begehrten, verwehrte ich
ihnen nicht. Keine Freude versagte ich meinem Herzen.
Mein Herz freute sich nach all meiner Mühe, und das
war mein Teil nach all meiner Mühe.*


freue dich
verschwenderisch
singe
hüpfe
küsse
springe
drück
die freude
an dein herz
sie braucht
wie du
geborgenheit
damit sie
sich entfalten
kann

# Kohelet 2,14

*Der Weise hat Augen im Kopf, aber der Tor tappt im Dunkeln. Doch erkannte ich auch, dass ein und dasselbe Geschick beide treffen kann.*


alles
könnte
alle
treffen
das ende
trifft uns
alle
gleich
und stellt
uns allen
dieselbe frage
hast du
wirklich
gelebt

## Kohelet 2,16

*Denn weder an den Weisen noch an den Toren wird man sich ewig erinnern: In den Tagen, die kommen, werden alle längst vergessen sein. Ach, der Weise muss sterben genau wie der Tor!*


wo
namen
ihre bedeutung
verlieren
breitet sich
der himmel
aus

# Kohelet 2,22

*Was hat denn der Mensch von all seinem Mühen und Streben, davon dass er sich abmüht unter der Sonne?*

jeden tag
hast du
die wahl
dich zu beschweren
und zu klagen
oder zu staunen
und zu danken
für das
was mühelos
gelingt

# Kohelet 2,24

*Nichts Gutes bringt der Mensch selbst zustande: Dass er essen und trinken und sich etwas Gutes gönnen kann bei seiner Mühe, auch das kommt, so sah ich, aus Gottes Hand.*


veilchen
quitte
wasserläufer
alles schöne
fällt uns zu
freude
lachen
leben dürfen
alles kommt
aus gottes hand
es fällt
uns zu
ich weiss
nicht wie

# Kohelet 3,1

*Für alles gibt es eine Stunde,*
*und Zeit gibt es für jedes Vorhaben unter dem Himmel.*


oft
schickt uns
der himmel
ein zeichen
damit uns
die richtige
stunde
findet

# Kohelet 3,2

*Zeit zum Gebären*
*und Zeit zum Sterben,*
*Zeit zum Pflanzen*
*und Zeit zum Ausreissen des Gepflanzten.*


es
ist uns
gegeben
da zu sein
wurzeln
zu schlagen
und zu blühen
und in einem
andern moment
dorthin zu sterben
wo neues beginnt

# Kohelet 3,3

*Zeit zum Töten
und Zeit zum Heilen,
Zeit zum Einreissen
und Zeit zum Aufbauen.*


zerstören
was
dem leben
dient
erde
wasser
luft
und mehr
bis uns
keine zeit
mehr bleibt
über heilung
nachzudenken

# Kohelet 3,4

*Zeit zum Weinen*
*und Zeit zum Lachen,*
*Zeit des Klagens*
*und Zeit des Tanzens.*


weinen
und lachen
ein tanzendes paar
heute bestimmt
ein jauchzen
den takt
morgen vielleicht
ein seufzen
wehre dich nicht
tanz einfach mit
du wirst
neue schritte
lernen

# Kohelet 3,5

*Zeit, Steine zu werfen,*
*und Zeit, Steine zu sammeln,*
*Zeit, sich zu umarmen,*
*und Zeit, sich aus der Umarmung zu lösen.*


sich umarmen
und wieder
lösen können
macht
dass nähe
nicht
erstickt

## Kohelet 3,6

*Zeit zum Suchen
und Zeit zum Verlieren,
Zeit zum Bewahren
und Zeit zum Wegwerfen.*


was wir
verlieren
verloren geben
und anderes
als träume
bewahren

# Kohelet 3,7

*Zeit zum Zerreissen
und Zeit zum Nähen,
Zeit zum Schweigen
und Zeit zum Reden.*


mit
schweigen
lässt sich
vieles
sagen
aber niemals
alles

# Kohelet 3,8

*Zeit zum Lieben
und Zeit zum Hassen,
Zeit des Kriegs
und Zeit des Friedens.*


frieden
auf erden
ein frommer
wunsch
lieben
können
ist
der anfang

# Kohelet 3,9

*Welchen Gewinn hat, wer etwas tut, davon,*
*dass er sich abmüht?*


auf die frage
ob es
sich lohne
hält sich
die antwort
bedeckt
sie ist
im tun
oder lassen
versteckt

## Kohelet 3,11

*Alles hat er so gemacht, dass es schön ist zu seiner Zeit.*
*Auch die ferne Zeit hat er den Menschen ins Herz gelegt,*
*nur dass der Mensch das Werk, das Gott gemacht hat,*
*nicht von Anfang bis Ende begreifen kann.*

gott
hat alles
schön
gemacht
kein unglück
reimt sich
je darauf
und ist
doch teil
der melodie

# Kohelet 3,13

*Und wenn irgendein Mensch bei all seiner Mühe isst und trinkt und Gutes geniesst, ist auch dies ein Geschenk Gottes.*


arbeiten
essen
trinken
geniessen
sich vom moment
verwöhnen lassen
dem leben
mit einem lächeln
begegnen

# Kohelet 3,16

*Und weiter sah ich unter der Sonne: Zur Stätte des Rechts dringt das Unrecht vor, und zur Stätte der Gerechtigkeit das Unrecht.*


wer bestimmt
was unrecht ist
und wer bestimmt
das recht
wer hütet
die gerechtigkeit
und wer macht
unrecht
wieder gut
und was ist
hundert jahre später
unter derselben sonne
richtig

# Kohelet 3,19

*Das Geschick der Menschen gleicht dem Geschick der Tiere, es trifft sie dasselbe Geschick. Jene müssen sterben wie diese, beide haben denselben Lebensgeist, und nichts hat der Mensch dem Tier voraus, denn nichtig und flüchtig sind sie alle.*


mensch
und tier
aus staub
zu staub
und zwischendurch
darüber hinaus
immer wieder
liebe

## Kohelet 3,21

*Wer weiss denn, ob der Lebensgeist des Menschen nach oben steigt und der Lebensgeist der Tiere hinab in die Erde?*


jedes leben
übersteigt
jedes sterben
in welche richtung
auch immer

# Kohelet 3,22

*So sah ich, dass es nichts Besseres gibt, als dass der Mensch sich freut bei seinem Tun, denn das ist sein Teil. Wer würde ihn denn dazu bringen zu sehen, was künftig sein wird?*


in deinem
tun
die freude
finden
dir stets
am nächsten
gegenwärtig
heute
ist das beste
jetzt

# Kohelet 4,1

*Und wiederum sah ich all die Unterdrückung, die unter der Sonne verübt wird. Und sieh: die Tränen der Unterdrückten, und sie haben keinen, der sie tröstet.*


gewalt
und leiden
unterdrückung
tränen
die nie
getrocknet
werden
wohin
mit aller
trostlosigkeit

# Kohelet 4,2

*Da pries ich die Toten, die schon gestorben sind,*
*glücklicher als die Lebenden, die noch da sind.*


auch
auf den toten
liegt
erdenschwere
vielleicht
stirbt
leichtigkeit
zuerst

# Kohelet 4,4

*Und ich sah, dass alle Mühe und alles geschickte Tun
Neid des einen auf den anderen ist. Auch das ist nichtig
und ein Greifen nach Wind.*


besser
sein wollen
als andere
am allerliebsten
am besten
von allen
ein griff
ins leere
einsames
fallen

# Kohelet 4,6

*Besser eine Hand voll Ruhe als beide Hände voll Mühe und Greifen nach Wind.*

die hände
auch
der ruhe
öffnen
ein neues
gleichgewicht
empfangen
ohne hinken
weitergehen

# Kohelet 4,9

*Zwei haben es besser als einer allein, denn sie haben einen guten Lohn für ihre Mühe.*


zu zweien
bist du
anders
allein
ihr gebt
euch warm
im ungefähren

# Kohelet 4,12

*Und wenn einer den überwältigt, der allein ist, so halten die zwei jenem stand. Und der dreifache Faden zerreisst nicht so bald.*


allein sein
macht auch
vor zweien
nicht halt
daher
die liebe
weiter
denken

# Kohelet 4,13

*Besser ein Kind, arm aber weise, als ein König, alt aber töricht, der nicht mehr die Einsicht hat, sich warnen zu lassen.*


weisheit
liegt im
kleinen sein
das sich
vor dem
offenen fenster
auf die
zehenspitzen
stellt

# Kohelet 4,17

*Gib acht auf deine Füsse, wenn du zum Hause Gottes gehst. Und tritt hinzu, um zu hören, und nicht, um ein Schlachtopfer zu stiften wie die Toren. Sie verstehen nicht, dass sie Schlechtes tun.*


mit den
füssen
hören
gehen
damit du
nicht
über dich
stolperst
beim tun

# Kohelet 5,1

*Sei nicht vorschnell mit deinem Mund, und dein Herz übereile sich nicht, etwas vor Gott zu bringen. Denn Gott ist im Himmel, und du bist auf der Erde. Darum mach nicht viele Worte.*

sprich nur
so viel
dass gott
es versteht
worte
haben
lange
wege

# Kohelet 5,2

*Denn wer viel Mühe hat, fängt an zu träumen, und wer viel spricht, fängt an, töricht zu reden.*


zu viele
gedanken
zerstören
den traum
der sich
selbst
erfüllen möchte

# Kohelet 5,6

*Wo Träume sich mehren und Nichtigkeiten und viele Worte, da fürchte Gott!*


gott
täglich
jene stille
schenken
die er braucht
um über uns
nachzudenken

# Kohelet 5,9

*Wer das Geld liebt, wird des Geldes nicht satt. Und wer liebt Reichtum ohne Ertrag? Auch das ist nichtig.*


auch
auf einem
haufen geld
kann man es
ab und zu
weinen
hören

# Kohelet 5,12

*Es gibt ein schlimmes Übel, das ich unter der Sonne sah: Da wurde Reichtum von seinem Besitzer aufgespart für einen Unglücksfall.*


weshalb
ein unglück
herbeireden
wollen
das vielleicht
nicht
kommen will
statt jetzt
ins glück
hineinzubeissen

# Kohelet 5,15

*Auch dies aber ist ein schlimmes Übel: Wie einer kam,*
*so muss er wieder gehen, und welchen Gewinn hat er,*
*wenn er sich abmüht für den Wind?*


du kommst
und gehst
mit leeren
händen
hinterlässt
deine spuren
dem wind

# Kohelet 5,17

*Sieh, was ich Gutes sah: Es ist schön, zu essen und zu trinken und Gutes zu geniessen für all die Mühe und Arbeit unter der Sonne in der ganzen Zeit seines Lebens, die Gott einem gegeben hat. Das steht einem jeden zu als sein Teil.*


es steht
uns zu
das
zu geniessen
was
gott
für uns
bereithält

# Kohelet 5,19

*Nicht oft denkt er an die Frist seines Lebens,*
*denn Gott erfreut sein Herz.*


unendlich
dankbar
für das
endliche
leben
die freude
im herzen
sich ausdehnen
lassen

# Kohelet 6,2

*Da gibt Gott einem Mann Reichtum, Vermögen und Ehre, und es mangelt ihm an nichts von allem, was er begehrt. Doch Gott erlaubt es ihm nicht, davon zu essen, sondern ein Fremder verzehrt es. Das ist nichtig und ein schlimmes Leiden.*


nimm
was du
bist
nicht
allzu wichtig
du weisst
nicht
was dir
von dir
bleibt

# Kohelet 6,4

*Denn in Nichtigkeit kam sie, und im Dunkel geht sie dahin, und im Dunkel bleibt ihr Name verborgen.*


manchmal
wirft es uns
ins dunkel
in bodenlose
ewigkeit
doch auch
tief unten
ist ein
himmel

# Kohelet 6,7

*Alles Mühen des Menschen ist für seinen Mund, und doch wird sein Verlangen nie gestillt.*


wir
verschlucken uns
nicht am
täglichen brot
wir
werden verschlungen
von unserem
verlangen

# Kohelet 6,9

*Besser geniessen, was man vor Augen hat, als das Verlangen schweifen lassen. Auch das ist nichtig und ein Greifen nach Wind.*


das glück
schreit
nicht
es deutet
sich an
glühwürmchen
kannst du
nicht
pflücken

# Kohelet 6,11

*Doch es gibt viele Worte, die das Nichtige vermehren.*
*Was hat der Mensch davon?*


wozu
viele worte
über die zukunft
verlieren
sie wird
sein
wie sie
sein wird
klein
und gross

# Kohelet 6,12

*Wer weiss denn, was gut ist für den Menschen im Leben, in der Zeit seines flüchtigen Lebens, die er verbringt wie ein Schatten? Wer könnte dem Menschen kundtun, was künftig sein wird unter der Sonne?*


die zeit
entschuldigt
sich nicht
bei dir
für das
was du
nicht gelebt
haben wirst
weil sie dir
niemals
etwas
schuldet

# Kohelet 7,2

*Besser, in ein Haus zu gehen, wo man trauert, als in ein Haus zu gehen, wo man feiert; denn da zeigt sich das Ende jedes Menschen, und der Lebende nimmt es sich zu Herzen.*


tränen
treffen
den lebensnerv
die trauer
erinnert
das leben

# Kohelet 7,8

*Besser der Ausgang einer Sache als ihr Anfang, besser langmütig als hochmütig.*


davon
ausgehen
dass es
gut
ausgeht
und
leichten herzens
schritte wagen

# Kohelet 7,10

*Sage nicht: Wie kommt es, dass die früheren Zeiten besser waren als die jetzigen? Denn nicht aus Weisheit fragst du so.*


du kannst
nicht
jedem schmerz
entkommen
nicht damals
nicht hier
nicht dann

# Kohelet 7,12

*Denn Weisheit beschirmt und Geld beschirmt, doch dies ist der Vorteil des Wissens: Wer Weisheit hat, den erhält sie am Leben.*


unter
dem schirm
der weisheit
ruhen
die sonne
im blick
die schatten
erwarten
und sie wieder
ziehen lassen

# Kohelet 7,14

*Am Tag des Glücks sei guter Dinge, und am Tag des Unglücks bedenke: Auch diesen wie jenen hat Gott gemacht, und was künftig sein wird, kann der Mensch nicht wissen.*

das
lässt mich
guter dinge
sein
dass gott
sich nicht
berechnen
lässt

# Kohelet 7,15

*Beides sah ich in meinen flüchtigen Tagen: Da ist ein Gerechter, der zugrunde geht in seiner Gerechtigkeit, und da ist ein Ungerechter, der lange lebt in seiner Bosheit.*


nichts
verkürzt
das leben
mehr
als sich
zu fragen
ob es
mir gegenüber
gerecht
sei

# Kohelet 7,20

*Doch kein Mensch auf Erden ist so gerecht, dass er nur Gutes tut und niemals sündigt.*


mensch
ist mensch
besorgt
bemüht
sucht weg
und sinn
fällt
trotzdem hin
unentwegtes
vorwärts scheitern

# Kohelet 7,22

*Denn du weisst, dass auch du selbst oft andere geschmäht hast.*

dort
und hier
wird es
schneller
nacht
wenn du
schlecht
von anderen
sprichst
nachtschatten
blühen
auch
am tag

# Kohelet 7,23

*All dies versuchte ich mit der Weisheit. Ich sprach: Ich
will Weisheit erlangen. Sie aber blieb mir fern.*

mit meinem
verstand
zu verstehen
versuchen
was ich
nicht verstehen
kann
welche tiefe
kommt mir
zu hilfe

# Kohelet 7,26

*Und nun finde ich: Die Frau ist bitterer als der Tod, sie ist eine Schlinge, ihr Herz ist ein Netz, ihre Hände sind Fesseln. Wer Gott gefällt, entkommt ihr, der Sünder aber wird von ihr gefangen.*


verführungen
spiegeln
unsere eigenen
schatten

# Kohelet 7,29

*Nur dies fand ich, sieh: Gott hat den Menschen recht gemacht, sie aber suchten grosse Erkenntnisse.*


wir sind
aufrecht
hingestellt
menschenrecht
vor gott

# Kohelet 8,1

*Wer ist wie der Weise, und wer versteht es, ein Wort zu deuten? Die Weisheit eines Menschen lässt sein Gesicht leuchten, und seine harten Züge lösen sich.*

weich
bleiben im
verstehen wollen
was dir
geschieht
willkommen
heissen
und es
dem leuchten
überlassen
was von dir
nach aussen
drängt

# Kohelet 8,6

*Für jedes Vorhaben gibt es Zeit und Gericht, denn die Bosheit des Menschen lastet schwer auf ihm.*


würde
diese last
doch
von uns
fallen
einander
zu täuschen
und zu enttäuschen
stets von sich selbst
am meisten
enttäuscht

# Kohelet 8,8

*Kein Mensch hat Macht über den Wind, so dass er den Wind aufhalten könnte, und keiner hat die Macht über den Tag des Todes. Und im Krieg gibt es keine Entlassung, und Unrecht kann seinen Täter nicht retten.*

wir sind
dem leben
ausgesetzt
nur einmal
kurz
die nase
im wind
lauter kleine
bedürftige
menschen
die den tod
nicht lesen
können

# Kohelet 8,9

*All dies sah ich, und ich achtete auf alles, was unter der Sonne getan wurde: Schlecht ist für den Menschen eine Zeit, in der der Mensch Macht hat über den Menschen.*


wortgewaltige
menschenmacht
spiele gewinnen
kriege verlieren
stimmen
zum verstummen
bringen
grenzenloses
lichterlöschen
totenstille
überall

# Kohelet 8,11

*Weil das Urteil über die böse Tat nicht sogleich
vollstreckt wird, wächst in den Menschen die Lust, Böses
zu tun.*

unser versagen
schreit
zum himmel
der himmel
aber sagt
kein wort

# Kohelet 8,12

*Denn ein Sünder tut hundertmal Böses und lebt doch lange. Ich aber weiss: Es ist gut für die Gottesfürchtigen, dass sie sich fürchten vor Gott.*


ehrfurcht
ohne fragen
und zweifel
wird
gottes grösse
nicht
gerecht

# Kohelet 8,15

*So pries ich die Freude: Es gibt für den Menschen nichts Gutes unter der Sonne ausser zu essen und zu trinken und sich zu freuen. Das kann ihn begleiten bei seiner Mühe in der Zeit seines Lebens, die Gott ihm gegeben hat unter der Sonne.*


sich freuen
können
kann man
lernen
zeit deines lebens
hast du zeit
denn wisse
auch den seinen
gibt gott
die freude
nicht
im schlaf

# Kohelet 9,1

*All dies nahm ich mir zu Herzen, um all dies zu prüfen:*
*Die Gerechten und die Weisen und ihre Werke sind in*
*Gottes Hand. Sei es Liebe, sei es Hass, alles, was vor*
*ihnen liegt, können die Menschen nicht erkennen.*


vor mir
liegt
seit eh
und je
gottes hand
und ich
liege
geborgen
darin

# Kohelet 9,3

*Das ist schlimm bei allem, was unter der Sonne geschieht, dass alle dasselbe Geschick trifft. Auch ist das Herz des Menschen voll Bosheit, und Verblendung ist in ihrem Herzen, solange sie leben, und danach – zu den Toten.*


weder leben
noch sterben
beeinflussen
können
und
dennoch
das nötige
mir menschenmögliche
tun

# Kohelet 9,4

*Doch wer zu den Lebenden gehört, hat Hoffnung; denn
ein lebender Hund hat es besser als ein toter Löwe.*


noch
einmal
hoffnung
buchstabieren
mit zittriger schrift
in kornblumenblau

# Kohelet 9,7

*Auf, iss dein Brot mit Freude, und trink deinen Wein mit frohem Herzen; denn längst schon hat Gott dieses Tun gebilligt.*


lass dich
von der
freude
durchdringen
und stosse
mit gott
auf das
leben
an

# Kohelet 9,10

*Was immer du zu tun vermagst, das tu. Denn weder Tun noch Planen, weder Wissen noch Weisheit gibt es im Totenreich, dahin du gehst.*

aus
freude
wird
freude
im denken
und tun
sie bleibt
unverloren

# Kohelet 9,11

*Wiederum sah ich unter der Sonne: Nicht die Schnellen gewinnen den Wettlauf und nicht die Helden den Kampf, auch nicht die Weisen das Brot und nicht die Verständigen Reichtum und die Einsichtigen Gunst. Denn Zeit und Zufall treffen sie alle.*

der zufall
will uns
für sich
gewinnen
damit uns
keine zeit
entgeht

# Kohelet 9,16

*Da dachte ich: Weisheit ist besser als Stärke, doch die Weisheit des Armen wird verachtet, und auf seine Worte hört man nicht.*

dem leisen
eine stimme
geben
und
kleine leben
werden gross

# Kohelet 9,18

*Weisheit ist besser als Kriegsgerät, aber ein Einziger, der fehlgeht, kann viel Gutes zerstören.*


weisheit
verstummt
lautlos
das
macht es
gefährlich

# Kohelet 10,1

*Tote Fliegen lassen das Öl des Salbenmischers stinken und gären. Wertvoller als Weisheit und Ehre ist wenig Torheit.*


ein bisschen
unverstand
genügt
taghelle
klarheit
zu trüben

## Kohelet 10,3

*Und wenn der Tor unterwegs ist, fehlt es ihm an
Verstand. Er aber denkt von jedem: Er ist ein Tor.*


es sind
nicht nur
die andern
anders
wir sind es
ebenso

# Kohelet 10,6

*Die Torheit ist in höchste Würden eingesetzt, und Reiche sitzen unten.*


nicht alles
sitzt
zu seiner zeit
genau
an seinem platz

# Kohelet 10,8

*Wer eine Grube gräbt, kann hineinfallen, und wer eine
Mauer einreisst, den kann eine Schlange beissen.*


es könnte
was du
ins rollen
bringst
beim
zurückrollen
dich
zum fallen
bringen

# Kohelet 10,9

*Wer Steine bricht, kann sich wehtun dabei, wer Holz spaltet, bringt sich in Gefahr.*

jede angst
birgt
eine verletzung
in sich

# Kohelet 10,14

*Und der Tor macht viele Worte. Der Mensch weiss nicht, was geschehen wird. Und was künftig sein wird, wer würde es ihm kundtun?*


worten
im leerlauf
fehlt es
an zukunft

# Kohelet 10,15

*Den Toren ermüdet seine Mühe, den Weg zur Stadt
findet er nicht.*

die zeichen
am weg
nicht richtig
deuten
und
ausser atem
mitten im leben
dort
hinkommen
wo man
nie
hätte ankommen
wollen

# Kohelet 10,18

*Wo Trägheit wohnt, senkt sich das Gebälk, und wo die Hände müssig sind, tropft es ins Haus.*

die trägheit
gibt sich
munter
und
bringt uns
damit
in gefahr

# Kohelet 11,4

*Wer auf den Wind achtet, sät nicht, und wer nach den Wolken schaut, erntet nicht.*

in dir
liegt
die zeit
die dich
ordnet
beim tun

# Kohelet 11,5

*Den Weg des Windes kennst du nicht, noch das Werden des Kindes im Leib der Schwangeren; so kennst du auch nicht das Tun Gottes, der all dies erschafft.*

wohin
wohl
lässt
heute
gott
lebensgeist
fliessen

# Kohelet 11,6

*Am Morgen säe deinen Samen, und am Abend lass deine Hand nicht ruhen; denn du weisst nicht, was gedeihen wird, ob dieses oder jenes oder ob beides gleich gut gerät.*

ohne
zu wissen
ob etwas
gedeiht
sich jeder
neuen zumutung
voller demut
anvertrauen

# Kohelet 11,8

*Wenn der Mensch viele Jahre lebt, freut er sich darüber,
denkt aber auch an die dunklen Tage, denn sie sind
zahlreich. Alles, was kommt, ist flüchtig.*


legt sich
der sinnende
schleier
des alters
über geschichtete
jugendtage
zerrinnt dir
die zukunft
zwischen
den fingern
die freude
bleibt
hauchdünne
kostbarkeit

# Kohelet 11,9

*Freue dich, junger Mann, in deiner Jugend, und dein Herz erfreue dich in deinen Jugendtagen. Geh deinen Weg mit Verstand und offenen Augen. Und wisse, dass über all dies Gott mit dir ins Gericht gehen wird.*

sich
nicht genug
gefreut
zu haben
ist das
härteste
aller
endgerichte

# Kohelet 12,1

*Und denke an deinen Schöpfer in deinen Jugendtagen,*
*bevor die schlechten Tage sich nahen*
*und Jahre kommen, von denen du sagen wirst:*
*Sie gefallen mir nicht.*


jede erinnerung
an glückliche
stunden
lässt
eine landschaft
in dir
entstehen
die dich
trösten wird
in traurigen
tagen
so viel
vertrautes
im unfassbaren

# Kohelet 12,2

*Bevor sich die Sonne verfinstert
und das Licht und der Mond und die Sterne,
und die Wolken wiederkehren nach dem Regen.*


stimmungen
sammeln
und betrachten
deine hände
in das schweigen
des abends
legen
verdanken
was war
geniessen
was ist

# Kohelet 12,3

*Wenn die Wächter des Hauses zittern*
*und die starken Männer sich krümmen,*
*die Müllerinnen ruhen, weil sie nur noch wenige sind,*
*und dunkel werden, die aus den Fenstern schauen.*


so lange
in die
ferne
schauen
bis aus
momenten
weile
wird

# Kohelet 12,4

*Die Türen zur Strasse hin geschlossen werden.*
*Wenn das Geräusch der Mühle leise wird*
*und hoch wie das Zwitschern der Vögel*
*und alle Lieder still verklingen.*


ein
leiser
scheuer
ton
in dir
der sich
nicht
nach aussen
wagt
trägt dich
mit sich
fort

# Kohelet 12,5

*Selbst vor einer Anhöhe fürchtet man sich,*
*und Schrecknisse sind auf dem Weg,*
*und der Mandelbaum blüht,*
*und die Heuschrecke wird schwer,*
*und die Kaper bricht auf.*
*Denn der Mensch geht in sein ewiges Haus,*
*und durch die Strasse ziehen die Klagenden.*


sich nicht
vom tod
einschüchtern
lassen
der mit
allen farben
schmiert
um dir
dein leben
schwarz
zu malen

# Kohelet 12,6

*Bevor der silberne Faden zerreisst*
*und die goldene Schale zerspringt*
*und der Krug an der Quelle zerschellt*
*und das Schöpfrad zerbrochen in die Zisterne fällt.*


durchlässig
werden
für alle
zeiten
die scherben
aufgehoben
wissen

# Kohelet 12,7

*Und der Staub zurückkehrt zur Erde, wie es gewesen ist, und der Lebensgeist zurückkehrt zu Gott, der ihn gegeben hat.*


und noch
im staub
glitzert
göttlicher
geist

# Kohelet 12,8

*Flüchtig und nichtig, sprach Kohelet,*
*alles ist flüchtig.*


es weht
uns
durchs leben
wir sind
kaum
zu halten
und dennoch
geerdet
behütet
bewahrt

# Kohelet 12,10

*Kohelet suchte gefällige Worte zu finden und wahre Worte richtig aufzuschreiben.*

alles
verdient
ein gedicht
zu werden
jedes leben
hat
wahrheit
zugute

# Kohelet 12,13

*Ist alles gehört, lautet der Schluss: Fürchte Gott und halte seine Gebote. Das gilt für alle Menschen.*


bis zuletzt
nichts anderes
wollen
als sich
würdig
zu erweisen
allem leben
gegenüber
du bist dir
bis zuletzt
geschenkt

# Das Buch Kohelet

**Nichtig und flüchtig**

1 1 Die Worte Kohelets, des Sohnes Davids, des Königs in Jerusalem.

2 Nichtig und flüchtig, sprach Kohelet,
nichtig und flüchtig, alles ist nichtig.

**Was einmal geschah, wird wieder geschehen**

3 Welchen Gewinn hat der Mensch von seiner ganzen Mühe und Arbeit unter der Sonne?

4 Ein Geschlecht geht, und ein Geschlecht kommt,
und die Erde bleibt ewig bestehen.

5 Und die Sonne geht auf, und die Sonne geht unter
und strebt nach dem Ort,
wo sie aufgeht.

6 Es weht nach Süden und dreht nach Norden,
dreht, dreht, weht, der Wind.
Und weil er sich dreht, kommt er wieder, der Wind.

7 Alle Flüsse fliessen zum Meer,
und das Meer wird nicht voll.
Zum Ort, dahin die Flüsse fliessen,
fliessen sie und fliessen.

8 Alles Reden müht sich ab,
keiner kommt damit zum Ziel.
Das Auge sieht sich niemals satt,
und das Ohr wird vom Hören nicht voll.

9 Was einmal geschah, wird wieder geschehen,
und was einmal getan wurde, wieder getan,
und nichts ist wirklich neu unter der Sonne.

10 Wohl sagt man:
Sieh dies an! Es ist neu! –

Es war längst schon einmal da,
in den Zeiten, die vor uns waren.
11 An die Früheren erinnert man sich nicht,
und an die Späteren, die kommen werden,
auch an sie wird man sich nicht erinnern
bei denen, die zuletzt sein werden.

**Ich, Kohelet, wurde König**

12 Ich, Kohelet, wurde König über Israel in Jerusalem. 13 Da nahm ich mir vor, in Weisheit alles zu erforschen und zu erkunden, was unter dem Himmel getan wird. Das ist eine leidige Mühe. Gott hat es den Menschen überlassen, sich damit abzumühen. 14 Ich betrachtete alle Werke, die unter der Sonne vollbracht wurden, und siehe, alles war nichtig und ein Greifen nach Wind. 15 Was krumm ist, kann nicht gerade werden, und was fehlt, kann man nicht zählen.

16 Ich dachte mir: Sieh, ich bin grösser und weiser als jeder, der vor mir über Jerusalem geherrscht hat, und mein Herz hat viel Weisheit und Erkenntnis gesehen. 17 So nahm ich mir vor zu erkennen, was Weisheit ist, und zu erkennen, was Verblendung ist und Torheit. Ich erkannte, dass auch dies ein Greifen nach Wind war. 18 Denn mit viel Weisheit kommt viel Verdruss, und wer mehr erkennt, hat mehr zu leiden.

2 1 Ich dachte mir: Versuch es doch mit der Freude und geniesse etwas Gutes! Und siehe, auch dies war nichtig. 2 Vom Lachen sagte ich: töricht! Und von der Freude: Was kann sie bewirken?

3 Ich dachte mir aus, meinen Leib im Wein zu baden, doch sollte mein Verstand in Weisheit die Führung behalten. Und nach der Torheit wollte ich greifen, bis ich sehen würde, was gut ist für die Menschen, was sie tun sollten unter dem Himmel, solange sie leben. 4 Ich vollbrachte grosse Werke: Ich baute mir Häuser, ich pflanzte mir Weinberge. 5 Ich legte mir Gärten an und Haine und pflanzte darin Fruchtbäume jeglicher Art. 6 Ich

machte mir Wasserteiche, um aus ihnen den Wald zu tränken, voller spriessender Bäume. 7 Ich kaufte Sklaven und Sklavinnen und besass auch im Haus geborene. Auch Herden, Rinder und Schafe hatte ich mehr als alle, die vor mir in Jerusalem waren. 8 Auch häufte ich mir Silber an und Gold und den Besitz von Königen und Ländern. Ich verschaffte mir Sänger und Sängerinnen und die Lust der Männer: Frauen und nochmals Frauen. 9 So wurde ich grösser und reicher als jeder, der vor mir in Jerusalem war. Auch blieb mir meine Weisheit erhalten. 10 Und was immer meine Augen begehrten, verwehrte ich ihnen nicht. Keine Freude versagte ich meinem Herzen. Mein Herz freute sich nach all meiner Mühe, und das war mein Teil nach all meiner Mühe. 11 Doch als ich alle meine Werke ansah, die meine Hände vollbracht hatten, und alles, was ich mit Mühe und Arbeit geschaffen hatte, siehe, da war alles nichtig und ein Greifen nach Wind, und es gab keinen Gewinn unter der Sonne.

**Was hat der Mensch von all seinem Mühen?**

12 Da ging ich daran, Weisheit, Verblendung und Torheit zu betrachten. Was bleibt dem Menschen zu tun, der nach dem König kommt? Was man schon längst getan hat!

13 Und ich sah, dass die Weisheit mehr Gewinn bringt als die Torheit, wie das Licht mehr Gewinn bringt als die Dunkelheit. 14 Der Weise hat Augen im Kopf, aber der Tor tappt im Dunkeln. Doch erkannte ich auch, dass ein und dasselbe Geschick beide treffen kann. 15 So dachte ich: Wie dem Toren kann es auch mir ergehen. Wozu bin ich denn so weise geworden? Da dachte ich, dass auch dies nichtig war. 16 Denn weder an den Weisen noch an den Toren wird man sich ewig erinnern: In den Tagen, die kommen, werden alle längst vergessen sein. Ach, der Weise muss sterben genau wie der Tor! 17 Da hasste ich das Leben, denn übel erschien mir alles Tun unter der Sonne: Alles war nichtig und ein Greifen nach Wind.

18 Und ich hasste alles, was ich mir mühevoll erarbeitet hatte unter der Sonne, denn dem Menschen, der nach mir kommt, muss ich es hinterlassen. 19 Und wer weiss, ob es ein Weiser oder ein Tor sein wird? Und doch wird er über alles verfügen, wofür ich Mühe und Weisheit aufgewandt habe unter der Sonne. Auch das ist nichtig. 20 So kam ich dazu, an allem zu verzweifeln, wofür ich mich abgemüht hatte unter der Sonne. 21 Denn da müht sich nun einer ab mit Weisheit und Erkenntnis und mit Geschick, und dann muss er es einem Menschen als Erbteil überlassen, der sich nicht dafür abgemüht hat. Auch das ist nichtig und ein grosses Übel.

22 Was hat denn der Mensch von all seinem Mühen und Streben, davon dass er sich abmüht unter der Sonne? 23 Sein Leben bringt ihm nur Leiden und seine Mühe Verdruss, und selbst bei Nacht kommt sein Herz nicht zur Ruhe. Auch das ist nichtig. 24 Nichts Gutes bringt der Mensch selbst zustande: Dass er essen und trinken und sich etwas Gutes gönnen kann bei seiner Mühe, auch das kommt, so sah ich, aus Gottes Hand. 25 Wer kann essen und wer muss sich sorgen, wenn nicht ich? 26 Einem Menschen, der ihm gefällt, gibt er Weisheit und Einsicht und Freude. Den aber, dessen Leben verfehlt ist, lässt er sammeln und anhäufen, um es dann dem zu geben, der Gott gefällt. Auch das ist nichtig und ein Greifen nach Wind.

### Zeit und Stunde

3 1 Für alles gibt es eine Stunde,
und Zeit gibt es für jedes Vorhaben unter dem Himmel:
2 Zeit zum Gebären
    und Zeit zum Sterben,
  Zeit zum Pflanzen
    und Zeit zum Ausreissen des Gepflanzten,
3 Zeit zum Töten
    und Zeit zum Heilen,

Zeit zum Einreissen
> und Zeit zum Aufbauen,

4 Zeit zum Weinen
> und Zeit zum Lachen,

Zeit des Klagens
> und Zeit des Tanzens,

5 Zeit, Steine zu werfen,
> und Zeit, Steine zu sammeln,

Zeit, sich zu umarmen,
> und Zeit, sich aus der Umarmung zu lösen,

6 Zeit zum Suchen
> und Zeit zum Verlieren,

Zeit zum Bewahren
> und Zeit zum Wegwerfen,

7 Zeit zum Zerreissen
> und Zeit zum Nähen,

Zeit zum Schweigen
> und Zeit zum Reden,

8 Zeit zum Lieben
> und Zeit zum Hassen,

Zeit des Kriegs
> und Zeit des Friedens.

9 Welchen Gewinn hat, wer etwas tut, davon, dass er sich abmüht?

**Gott hat alles schön gemacht**

10 Ich sah, was Gott den Menschen zu tun überlassen hat. 11 Alles hat er so gemacht, dass es schön ist zu seiner Zeit. Auch die ferne Zeit hat er den Menschen ins Herz gelegt, nur dass der Mensch das Werk, das Gott gemacht hat, nicht von Anfang bis Ende begreifen kann. 12 Ich erkannte, dass sie nichts Besseres zustande bringen, als sich zu freuen und Gutes zu tun im Leben. 13 Und wenn irgendein Mensch bei all seiner Mühe isst und trinkt und Gutes geniesst, ist auch dies ein Geschenk

Gottes. 14 Ich erkannte, dass alles, was Gott schafft, endgültig ist. Nichts ist ihm hinzuzufügen, und nichts ist davon wegzunehmen. Und Gott hat es so gemacht, dass man sich vor ihm fürchtet. 15 Was einmal geschah, ist längst wieder geschehen, und was geschehen wird, ist längst schon geschehen. Gott aber sucht, was verloren ging.

### Den Gerechten und den Frevler wird Gott richten

16 Und weiter sah ich unter der Sonne: Zur Stätte des Rechts dringt das Unrecht vor, und zur Stätte der Gerechtigkeit das Unrecht. 17 Ich sagte mir: Den Gerechten und den Frevler wird Gott richten. Denn Zeit gibt es für jegliches Vorhaben und so auch für alles, was dort geschieht. 18 Ich dachte über die Menschen: Gott hob sie heraus und sah, dass sie doch nur Tiere sind. 19 Das Geschick der Menschen gleicht dem Geschick der Tiere, es trifft sie dasselbe Geschick. Jene müssen sterben wie diese, beide haben denselben Lebensgeist, und nichts hat der Mensch dem Tier voraus, denn nichtig und flüchtig sind sie alle. 20 Alle gehen an ein und denselben Ort, aus dem Staub sind alle entstanden, und alle kehren zurück zum Staub. 21 Wer weiss denn, ob der Lebensgeist des Menschen nach oben steigt und der Lebensgeist der Tiere hinab in die Erde? 22 So sah ich, dass es nichts Besseres gibt, als dass der Mensch sich freut bei seinem Tun, denn das ist sein Teil. Wer würde ihn denn dazu bringen zu sehen, was künftig sein wird?

### Die Tränen der Unterdrückten

4 1 Und wiederum sah ich all die Unterdrückung, die unter der Sonne verübt wird. Und sieh: die Tränen der Unterdrückten, und sie haben keinen, der sie tröstet. Und von der Hand ihrer Unterdrücker geht Gewalt aus, und sie haben keinen, der sie tröstet. 2 Da pries ich die Toten, die schon gestorben sind, glücklicher als die Lebenden, die noch da sind. 3 Besser als beide aber hat es, wer noch nicht da war, wer das

böse Tun noch nicht gesehen hat, das unter der Sonne verübt wird.

**Besser eine Hand voll Ruhe als beide Hände voll Mühe**

4 Und ich sah, dass alle Mühe und alles geschickte Tun Neid des einen auf den anderen ist. Auch das ist nichtig und ein Greifen nach Wind. 5 Der Tor legt seine Hände ineinander und verzehrt sein eigenes Fleisch. 6 Besser eine Hand voll Ruhe als beide Hände voll Mühe und Greifen nach Wind.

**Zwei haben es besser als einer allein**

7 Und wiederum sah ich Nichtiges unter der Sonne: 8 Da ist einer allein, ohne einen anderen, hat weder einen Sohn noch einen Bruder. Und all seine Mühe hat kein Ende. Auch kann sein Auge nicht genug Reichtum sehen. Und für wen mühe ich mich ab und versage mir jeden Genuss? Auch das ist nichtig und eine leidige Mühe. 9 Zwei haben es besser als einer allein, denn sie haben einen guten Lohn für ihre Mühe. 10 Wenn sie fallen, kann der eine seinem Gefährten aufhelfen. Doch wehe dem, der allein ist und fällt, und keiner ist da, der ihm aufhelfen kann. 11 Auch ist zweien warm, wenn sie sich schlafen legen. Doch einer allein, wie kann ihm warm werden? 12 Und wenn einer den überwältigt, der allein ist, so halten die zwei jenem stand. Und der dreifache Faden zerreisst nicht so bald.

**Der König und die Armen**

13 Besser ein Kind, arm aber weise, als ein König, alt aber töricht, der nicht mehr die Einsicht hat, sich warnen zu lassen. 14 Selbst wenn einer aus dem Gefängnis auf den Thron kam, wurden doch auch unter seiner Herrschaft Arme geboren. 15 Ich sah, wie all die Lebenden, die unter der Sonne wandeln, schon auf der Seite eines nächsten Kindes standen, das an seine Stelle treten sollte. 16 Wer immer sich an ihre Spitze stellte, hatte zahlloses Volk hinter sich. Doch die Späteren hatten keine

Freude mehr an ihm. Denn auch das ist nichtig und ein Greifen nach Wind.

**Fürchte Gott**

17 Gib acht auf deine Füsse, wenn du zum Hause Gottes gehst. Und tritt hinzu, um zu hören, und nicht, um ein Schlachtopfer zu stiften wie die Toren. Sie verstehen nicht, dass sie Schlechtes tun.

5 1 Sei nicht vorschnell mit deinem Mund, und dein Herz übereile sich nicht, etwas vor Gott zu bringen. Denn Gott ist im Himmel, und du bist auf der Erde. Darum mach nicht viele Worte. 2 Denn wer viel Mühe hat, fängt an zu träumen, und wer viel spricht, fängt an, töricht zu reden. 3 Wenn du Gott ein Gelübde ablegst, erfülle es ohne Verzug. Denn die Toren gefallen ihm nicht. Was du gelobst, das halte. 4 Besser du gelobst gar nichts, als dass du gelobst und es nicht hältst. 5 Lass nicht zu, dass dein Mund dich in Schuld bringt, und sage nicht vor dem Boten: Es war ein Versehen. Warum soll Gott zornig werden über dein Reden und das Werk deiner Hände verderben? 6 Wo Träume sich mehren und Nichtigkeiten und viele Worte, da fürchte Gott!

**Die Armen und der König**

7 Siehst du, dass in der Provinz die Armen unterdrückt und Recht und Gerechtigkeit verweigert werden, so wundere dich nicht darüber. Denn ein Höherer gibt von oben acht auf einen Hohen, und über ihnen sind noch Höhere. 8 So ist es für ein Land allemal ein Gewinn, wenn jedes bebaute Feld einen König hat.

**Reichtum und Armut**

9 Wer das Geld liebt, wird des Geldes nicht satt. Und wer liebt Reichtum ohne Ertrag? Auch das ist nichtig. 10 Mehrt sich das Gut, so mehren sich, die es verzehren. Und welchen Gewinn

hat der Besitzer ausser dem Zusehen? 11 Süss ist der Schlaf des Arbeiters, ob er wenig oder viel zu essen hat. Doch die Sättigung des Reichen lässt ihn nicht schlafen.

12 Es gibt ein schlimmes Übel, das ich unter der Sonne sah: Da wurde Reichtum von seinem Besitzer aufgespart für einen Unglücksfall. 13 Doch durch ein Unglück ging der Reichtum verloren. Er aber hatte einen Sohn gezeugt, und nun hat er nichts mehr in der Hand. 14 Wie er aus dem Leib seiner Mutter kam, so muss er wieder gehen, so nackt wie er kam. Und nichts bleibt ihm von seiner Mühe, das er weitergeben könnte.

15 Auch dies aber ist ein schlimmes Übel: Wie einer kam, so muss er wieder gehen, und welchen Gewinn hat er, wenn er sich abmüht für den Wind? 16 All seine Tage muss er in der Finsternis fristen, er hat viel Verdruss, ist krank und zornig.

17 Sieh, was ich Gutes sah: Es ist schön, zu essen und zu trinken und Gutes zu geniessen für all die Mühe und Arbeit unter der Sonne in der ganzen Zeit seines Lebens, die Gott einem gegeben hat. Das steht einem jeden zu als sein Teil. 18 Auch wenn Gott einem Menschen Reichtum und Vermögen gibt und ihm gestattet, davon zu essen und seinen Teil davonzutragen und sich zu freuen an dem, wofür er sich abgemüht hat, so ist das ein Geschenk Gottes. 19 Nicht oft denkt er an die Frist seines Lebens, denn Gott erfreut sein Herz.

6 1 Es gibt ein Übel, das ich unter der Sonne sah, und schwer lastet es auf dem Menschen: 2 Da gibt Gott einem Mann Reichtum, Vermögen und Ehre, und es mangelt ihm an nichts von allem, was er begehrt. Doch Gott erlaubt es ihm nicht, davon zu essen, sondern ein Fremder verzehrt es. Das ist nichtig und ein schlimmes Leiden.

3 Wenn ein Mann hundert Kinder zeugte und viele Jahre lebte und ein hohes Alter erreichte, sich aber nicht sättigen könnte von seinem Gut – selbst wenn er nicht begraben wäre, sage ich: Die Fehlgeburt hat es besser als er. 4 Denn in Nichtigkeit kam sie, und im Dunkel geht sie dahin, und im Dunkel

bleibt ihr Name verborgen. 5 Auch hat sie die Sonne nicht gesehen und nicht gekannt. Sie hat mehr Ruhe als er. 6 Und wenn einer zweimal tausend Jahre gelebt, aber nicht Gutes genossen hätte - gehen nicht alle an denselben Ort?

7 Alles Mühen des Menschen ist für seinen Mund, und doch wird sein Verlangen nie gestillt. 8 Denn was hat der Weise dem Toren voraus? Was nützt es dem Armen, wenn er zu leben versteht? 9 Besser geniessen, was man vor Augen hat, als das Verlangen schweifen lassen. Auch das ist nichtig und ein Greifen nach Wind.

**Wer weiss, was gut ist für den Menschen?**

10 Was war, ist längst mit Namen benannt, und bekannt ist, was ein Mensch ist, und dass er nicht rechten kann mit dem, der mächtiger ist als er. 11 Doch es gibt viele Worte, die das Nichtige vermehren. Was hat der Mensch davon? 12 Wer weiss denn, was gut ist für den Menschen im Leben, in der Zeit seines flüchtigen Lebens, die er verbringt wie ein Schatten? Wer könnte dem Menschen kundtun, was künftig sein wird unter der Sonne?

7 1 Besser ein guter Ruf als guter Geruch – und der Tag des Todes als der Tag der Geburt. 2 Besser, in ein Haus zu gehen, wo man trauert, als in ein Haus zu gehen, wo man feiert; denn da zeigt sich das Ende jedes Menschen, und der Lebende nimmt es sich zu Herzen. 3 Besser verdriesslich sein als lachen, denn bei trauriger Miene geht es dem Herzen gut. 4 Das Herz der Weisen ist in einem Haus, wo man trauert, das Herz der Toren aber im Haus, wo man sich freut. 5 Besser, man hört einen Weisen schelten als die Toren singen. 6 Denn wie das Knistern der Dornen unter dem Topf, so ist das Lachen des Toren. Doch auch das ist nichtig. 7 Denn Unterdrückung macht einen Weisen töricht, und Geschenke verderben den Verstand.

8 Besser der Ausgang einer Sache als ihr Anfang, besser langmütig als hochmütig. 9 Werde nicht zu rasch verdriesslich,

denn Toren tragen in sich Verdruss. 10 Sage nicht: Wie kommt es, dass die früheren Zeiten besser waren als die jetzigen? Denn nicht aus Weisheit fragst du so. 11 Weisheit ist so gut wie Besitz und ein Vorteil für jene, die die Sonne schauen; 12 denn Weisheit beschirmt und Geld beschirmt, doch dies ist der Vorteil des Wissens: Wer Weisheit hat, den erhält sie am Leben.

13 Betrachte das Werk Gottes: Wer kann gerade machen, was er gekrümmt hat? 14 Am Tag des Glücks sei guter Dinge, und am Tag des Unglücks bedenke: Auch diesen wie jenen hat Gott gemacht, und was künftig sein wird, kann der Mensch nicht wissen.

### Sei nicht übergerecht, und gib dich nicht gar zu weise

15 Beides sah ich in meinen flüchtigen Tagen: Da ist ein Gerechter, der zugrunde geht in seiner Gerechtigkeit, und da ist ein Ungerechter, der lange lebt in seiner Bosheit. 16 Sei nicht übergerecht, und gib dich nicht gar zu weise. Warum willst du scheitern? 17 Sei nicht zu oft ungerecht, und sei kein Tor. Warum willst du sterben vor deiner Zeit? 18 Gut ist es, wenn du dich an das eine hältst und auch vom anderen nicht lässt. Wer Gott fürchtet, wird beidem gerecht.

19 Die Weisheit macht den Weisen stärker als zehn Machthaber in der Stadt. 20 Doch kein Mensch auf Erden ist so gerecht, dass er nur Gutes tut und niemals sündigt. 21 Achte auch nicht auf all die Worte, die man redet, damit du nicht hörst, wie dein Knecht dich schmäht. 22 Denn du weisst, dass auch du selbst oft andere geschmäht hast.

### Sie suchten grosse Erkenntnisse

23 All dies versuchte ich mit der Weisheit. Ich sprach: Ich will Weisheit erlangen. Sie aber blieb mir fern.

24 Fern ist, was war, und tief, tief – wer könnte es begreifen? 25 Ich nahm mir vor, Weisheit und Erkenntnis zu verstehen, zu erkennen und zu suchen, zu verstehen, dass Unrecht Torheit

ist und Unverstand Verblendung. 26 Und nun finde ich: Die Frau ist bitterer als der Tod, sie ist eine Schlinge, ihr Herz ist ein Netz, ihre Hände sind Fesseln. Wer Gott gefällt, entkommt ihr, der Sünder aber wird von ihr gefangen. 27 Sieh, dies fand ich, sprach Kohelet: Alles in allem findet sich die Erkenntnis, 28 dass ich ständig suchte, aber nicht fand. Unter tausend fand ich einen einzigen Mann, eine Frau aber fand ich bei all diesen nicht. 29 Nur dies fand ich, sieh: Gott hat den Menschen recht gemacht, sie aber suchten grosse Erkenntnisse.

**Wenn der Mensch Macht hat über den Menschen**
8 1 Wer ist wie der Weise, und wer versteht es, ein Wort zu deuten? Die Weisheit eines Menschen lässt sein Gesicht leuchten, und seine harten Züge lösen sich. 2 Gehorche dem Befehl eines Königs, denn du hast ihm einen Eid geschworen bei Gott. 3 Geh nicht vorschnell weg von ihm, lass dich nicht auf Schlechtes ein, denn alles, was er will, kann er tun. 4 Denn das Wort eines Königs hat Macht, und wer könnte zu ihm sagen: Was tust du? 5 Wer dem Befehl gehorcht, lernt nichts Schlechtes kennen, und das Herz eines Weisen kennt Zeit und Gericht.

6 Für jedes Vorhaben gibt es Zeit und Gericht, denn die Bosheit des Menschen lastet schwer auf ihm. 7 Er weiss ja nicht, was geschehen wird; denn wer könnte ihm kundtun, was sein wird? 8 Kein Mensch hat Macht über den Wind, so dass er den Wind aufhalten könnte, und keiner hat Macht über den Tag des Todes. Und im Krieg gibt es keine Entlassung, und Unrecht kann seinen Täter nicht retten. 9 All dies sah ich, und ich achtete auf alles, was unter der Sonne getan wurde: Schlecht ist für den Menschen eine Zeit, in der der Mensch Macht hat über den Menschen.

**Frevler und Gerechte**
10 Sodann sah ich, wie Frevler begraben wurden und zur Ruhe eingingen; die aber Recht getan hatten, mussten von der

heiligen Stätte weichen und wurden in der Stadt vergessen. Auch das ist nichtig. 11 Weil das Urteil über die böse Tat nicht sogleich vollstreckt wird, wächst in den Menschen die Lust, Böses zu tun. 12 Denn ein Sünder tut hundertmal Böses und lebt doch lange. Ich aber weiss: Es ist gut für die Gottesfürchtigen, dass sie sich fürchten vor Gott. 13 Und es ist nicht gut für den Frevler und er wird nicht länger leben als ein Schatten, wenn er sich nicht fürchtet vor Gott. 14 Es gibt Nichtiges, das auf Erden geschieht: Es gibt Gerechte, denen es ergeht, als hätten sie gehandelt wie Frevler, und es gibt Frevler, denen es ergeht, als hätten sie gehandelt wie Gerechte. Ich dachte: Auch dies ist nichtig. 15 So pries ich die Freude: Es gibt für den Menschen nichts Gutes unter der Sonne ausser zu essen und zu trinken und sich zu freuen. Das kann ihn begleiten bei seiner Mühe in der Zeit seines Lebens, die Gott ihm gegeben hat unter der Sonne.

**Der Mensch kann die Werke Gottes nicht begreifen**

16 Als ich mir vornahm, Weisheit zu verstehen und das Treiben zu betrachten, das auf der Erde geschah – bei Tag und bei Nacht gönnt man seinen Augen keinen Schlaf –, 17 sah ich das ganze Werk Gottes: dass der Mensch das Geschehen unter der Sonne nicht begreifen kann. Auch wenn der Mensch sich abmüht zu suchen, so findet er doch nicht. Und wenn der Weise behauptet, es zu verstehen, so kann er es doch nicht begreifen.

**Ein lebender Hund hat es besser als ein toter Löwe**

9 1 All dies nahm ich mir zu Herzen, um all dies zu prüfen: Die Gerechten und die Weisen und ihre Werke sind in Gottes Hand. Sei es Liebe, sei es Hass, alles, was vor ihnen liegt, können die Menschen nicht erkennen. 2 Jeden trifft, was ihm gebührt. Dasselbe Geschick trifft den Gerechten und den Frevler, den Guten und Reinen und den Unreinen, den, der opfert, und den, der nicht opfert; den Guten wie den Sünder,

den, der schwört, wie den, der sich scheut zu schwören. 3 Das ist schlimm bei allem, was unter der Sonne geschieht, dass alle dasselbe Geschick trifft. Auch ist das Herz der Menschen voll Bosheit, und Verblendung ist in ihrem Herzen, solange sie leben, und danach – zu den Toten.

4 Doch wer zu den Lebenden gehört, hat Hoffnung; denn ein lebender Hund hat es besser als ein toter Löwe. 5 Die Lebenden wissen, dass sie sterben werden, die Toten aber wissen gar nichts, und sie haben keinen Lohn mehr, denn die Erinnerung an sie ist geschwunden. 6 Ihre Liebe, ihr Hass, ihre Eifersucht sind längst dahin, und auf ewig haben sie keinen Anteil mehr an all dem, was unter der Sonne getan wird.

**Geniesse das Leben**

7 Auf, iss dein Brot mit Freude, und trink deinen Wein mit frohem Herzen; denn längst schon hat Gott dieses Tun gebilligt. 8 Jederzeit seien deine Kleider weiss, und an Öl auf deinem Haupt soll es nicht fehlen. 9 Geniesse das Leben mit einer Frau, die du liebst, all die Tage deines flüchtigen Lebens, die er dir gegeben hat unter der Sonne, all deine flüchtigen Tage. Das ist dein Teil im Leben, bei deiner Mühe und Arbeit unter der Sonne. 10 Was immer du zu tun vermagst, das tu. Denn weder Tun noch Planen, weder Wissen noch Weisheit gibt es im Totenreich, dahin du gehst.

**Nicht die Schnellen gewinnen den Wettlauf**

11 Wiederum sah ich unter der Sonne: Nicht die Schnellen gewinnen den Wettlauf und nicht die Helden den Kampf, auch nicht die Weisen das Brot und nicht die Verständigen Reichtum und die Einsichtigen Gunst. Denn Zeit und Zufall treffen sie alle. 12 Auch kennt der Mensch nicht seine Zeit: Wie die Fische, die ins tückische Netz geraten, wie die Vögel, die gefangen werden, so werden die Menschen verstrickt zur Zeit des Unglücks, wenn es sie plötzlich überfällt.

**Die Weisheit des Armen wird verachtet**

13 Auch dieses Beispiel von Weisheit sah ich unter der Sonne, und es erschien mir bedeutend: 14 Es gab einmal eine kleine Stadt mit wenig Leuten darin, und gegen sie zog ein grosser König heran, schloss sie ein und errichtete gewaltige Belagerungstürme gegen sie. 15 Da fand er in ihr einen armen, weisen Mann, und der rettete durch seine Weisheit die Stadt. Aber niemand hat sich jenes Armen erinnert. 16 Da dachte ich: Weisheit ist besser als Stärke, doch die Weisheit des Armen wird verachtet, und auf seine Worte hört man nicht. 17 Auf ruhige Worte von Weisen hört man eher als auf das Geschrei eines Herrschers unter den Toren. 18 Weisheit ist besser als Kriegsgerät, aber ein Einziger, der fehlgeht, kann viel Gutes zerstören.

**Wertvoller als viel Weisheit ist wenig Torheit**

10 1 Tote Fliegen lassen das Öl des Salbenmischers stinken und gären. Wertvoller als Weisheit und Ehre ist wenig Torheit. 2 Der Weise hat den Verstand zu seiner Rechten, der Tor hat den Verstand zu seiner Linken. 3 Und wenn der Tor unterwegs ist, fehlt es ihm an Verstand. Er aber denkt von jedem: Er ist ein Tor.

**Die Torheit ist in höchste Würden eingesetzt**

4 Wenn der Unmut des Herrschers sich gegen dich erhebt, gib deinen Platz nicht auf; denn Gelassenheit deckt grosse Verfehlungen zu. 5 Da ist ein Übel, das ich sah unter der Sonne, ein Fehler, wie ihn ein Machthaber begeht: 6 Die Torheit ist in höchste Würden eingesetzt, und Reiche sitzen unten. 7 Ich sah Knechte hoch zu Ross und Fürsten, die wie Knechte zu Fuss gehen mussten.

**Wer eine Grube gräbt, kann hineinfallen**

8 Wer eine Grube gräbt, kann hineinfallen, und wer eine Mauer einreisst, den kann eine Schlange beissen. 9 Wer Steine

bricht, kann sich wehtun dabei, wer Holz spaltet, bringt sich in Gefahr. 10 Wird das Eisen stumpf, und man schärft seine Schneide nicht, so braucht man mehr Kraft. Weisheit aber ist der Vorteil dessen, der kundig ist. 11 Doch wenn die Schlange vor der Beschwörung beisst, so hat der Beschwörer keinen Gewinn.

**Die Mühe des Toren ermüdet ihn**

12 Dem Weisen bringen die Worte seines Mundes Gunst, den Toren aber verschlingen seine eigenen Lippen. 13 Mit Torheit beginnt er zu reden, mit schlimmer Verblendung hört er zu reden auf. 14 Und der Tor macht viele Worte. Der Mensch weiss nicht, was geschehen wird. Und was künftig sein wird, wer würde es ihm kundtun? 15 Den Toren ermüdet seine Mühe, den Weg zur Stadt findet er nicht.

**Das Geld macht alles möglich**

16 Weh dir, du Land, dessen König ein Knabe ist und dessen Fürsten schon am Morgen tafeln. 17 Wohl dir, du Land, dessen König ein Edler ist und dessen Fürsten zur rechten Zeit tafeln, um sich zu stärken und nicht, um sich zu betrinken. 18 Wo Trägheit wohnt, senkt sich das Gebälk, und wo die Hände müssig sind, tropft es ins Haus. 19 Zum Vergnügen bereiten sie das Mahl, und der Wein erfreut das Leben, und das Geld macht alles möglich. 20 Auch in Gedanken schmähe nicht den König, auch in deiner Schlafkammer schmähe nicht den Reichen; denn die Vögel des Himmels könnten den Laut forttragen, und was Flügel hat, könnte das Wort verraten.

**Wirf dein Brot ins Wasser**

11 1 Wirf dein Brot ins Wasser, nach vielen Tagen kannst du es wiederfinden. 2 Teile mit sieben oder acht, denn du weisst nicht, was für ein Unglück kommen mag auf Erden. 3 Wenn die Wolken schwer sind, giessen sie Regen auf die Erde.

Und fällt ein Holz nach Süden oder nach Norden – wohin das Holz auch fällt, da bleibt es liegen. 4 Wer auf den Wind achtet, sät nicht, und wer nach den Wolken schaut, erntet nicht. 5 Den Weg des Windes kennst du nicht, noch das Werden des Kindes im Leib der Schwangeren; so kennst du auch nicht das Tun Gottes, der all dies erschafft. 6 Am Morgen säe deinen Samen, und am Abend lass deine Hand nicht ruhen; denn du weisst nicht, was gedeihen wird, ob dieses oder jenes oder ob beides gleich gut gerät.

**Freue dich in deiner Jugend**
7 Süss aber ist das Licht, und für die Augen ist es gut, die Sonne zu schauen. 8 Wenn der Mensch viele Jahre lebt, freut er sich darüber, denkt aber auch an die dunklen Tage, denn sie sind zahlreich. Alles, was kommt, ist flüchtig. 9 Freue dich, junger Mann, in deiner Jugend, und dein Herz erfreue dich in deinen Jugendtagen. Geh deinen Weg mit Verstand und mit offenen Augen. Und wisse, dass über all dies Gott mit dir ins Gericht gehen wird. 10 Lass dein Herz frei sein von Verdruss, und halte deinem Leib das Übel fern. Denn Jugend und schwarzes Haar sind flüchtig.

## 12

1 Und denke an deinen Schöpfer in deinen Jugendtagen,
> bevor die schlechten Tage sich nahen
> und Jahre kommen, von denen du sagen wirst:
> Sie gefallen mir nicht.

2 Bevor sich die Sonne verfinstert
> und das Licht und der Mond und die Sterne,
> und die Wolken wiederkehren nach dem Regen.

3 Wenn die Wächter des Hauses zittern
> und die starken Männer sich krümmen,
> die Müllerinnen ruhen, weil sie nur noch wenige sind,
> und dunkel werden, die aus den Fenstern schauen,
> 4 die Türen zur Strasse hin geschlossen werden.

Wenn das Geräusch der Mühle leise wird
> und hoch wie das Zwitschern der Vögel
> und alle Lieder still verklingen.

5 Selbst vor einer Anhöhe fürchtet man sich,
> und Schrecknisse sind auf dem Weg,
> und der Mandelbaum blüht,
> und die Heuschrecke wird schwer,
> und die Kaper bricht auf.

Denn der Mensch geht in sein ewiges Haus,
> und durch die Strasse ziehen die Klagenden.

6 Bevor der silberne Faden zerreisst
> und die goldene Schale zerspringt
> und der Krug an der Quelle zerschellt
> und das Schöpfrad zerbrochen in die Zisterne fällt
> 7 und der Staub zurückkehrt zur Erde, wie es gewesen ist,
> und der Lebensgeist zurückkehrt zu Gott, der ihn gegeben hat.

**Flüchtig und nichtig**

8 Flüchtig und nichtig, sprach Kohelet,
> alles ist flüchtig.

**Das viele Studieren ermüdet den Leib**

9 Kohelet war nicht nur ein Weiser, sondern lehrte auch das Volk Erkenntnis. Er wog ab und prüfte und berichtigte viele Sprüche. 10 Kohelet suchte gefällige Worte zu finden und wahre Worte richtig aufzuschreiben. 11 Worte von Weisen sind wie Ochsenstacheln, und wie eingeschlagene Nägel sind gesammelte Sprüche. Sie sind von einem einzigen Hirten gegeben. 12 Und über diese hinaus – mein Sohn, lass dich warnen! – werden viele Bücher gemacht, ohne Ende, doch das viele Studieren ermüdet den Leib. 13 Ist alles gehört, lautet der Schluss: Fürchte Gott und halte seine Gebote. Das gilt für alle Menschen. 14 Denn alles Tun bringt Gott vor ein Gericht über alles Verborgene, es sei gut oder böse.

**Bildnachweis**

Bild 1: mauritius images / Cavan Images
Bild 2: 123RF
Bild 3: 123RF
Bild 4: mauritius images / BSIP
Bild 5: mauritius images / Cavan Images
Bild 6: mauritius images / Cavan Images

Ruth Näf Bernhard

**Ich liege wach und
bin wie ein Vogel**

150 Psalmen
150 Gedichte

«Esst die Psalmen. Jeden Tag einen.» Diesen Ratschlag von Dorothee Sölle hat sich Ruth Näf Bernhard zu Herzen genommen. Jeden Morgen hat sie einen Psalm gelesen. Tag für Tag. Von Psalm 1 bis Psalm 150. Einen einzigen Vers hat sie aus jedem Psalm gewählt – und diesen verdichtet.
150 Mal ist so aus einem Vers ein Gedicht oder ein Gebet entstanden. Eines, das den Psalm weiterschreibt. Weiterbetet. Ruth Näf Bernhards Texte machen neugierig, selbst Psalmen zu lesen und zu meditieren. Sie weiterzuschreiben. Weiterzubeten.

TVZ 2020, 164 Seiten, Paperback
ISBN 978-3-290-18329-5

Ruth Näf Bernhard

**Meine Seele läuft barfuss dem Wort hinterher**

Das Lukasevangelium in Gedichten gespiegelt

Lesen ist hören. Gerade bei biblischen Texten ist lesen aufmerksam horchen. Sich ermutigen lassen. Sich bewegen lassen von dem, was man hört. Ruth Näf Bernhard hat sich vom Lukasevangelium bewegen lassen. Jede Woche einen Tag von der Adventszeit bis zur Himmelfahrt. Von Kapitel 1 bis Kapitel 24. Auf ihrem Spaziergang durch dieses Evangelium voller Begegnungen, Heilungen und der vertrauten Weihnachtsgeschichte hat sie Worte gefunden. So sind Gedichte entstanden, in denen die altbekannten Bibelstellen plötzlich neu zu sprechen beginnen. Ruth Näf Bernhards Texte laden dazu ein, selbst mit Lukas spazieren zu gehen. Offen. Barfuss. Bereit, sich überraschen zu lassen.

TVZ 2022, 184 Seiten, Paperback
ISBN 978-3-290-18496-4